DISCOURS CHRÉTIEN

*Sur la cérémonie du Sacre de L'Empereur,
le 1ᵉʳ Dimanche d'Avent (2 Décembre 1804).*

Non fumum (Hor. P.) ex fulgore....

RAPPELLEZ-VOUS, mes Frères, ce que je vous disais, il y a deux mois, en vous annonçant la fête de St. Remi. (1) Rappellez-vous comment le premier Roi chrétien des Français embrassa la foi, à la voix du saint Evêque de Reims, et reçut alors de sa main la grace du baptême. Clovis ne fut pas le seul qui reçut ce premier de tous les sacremens ; toute sa cour ainsi que toute son armée devinrent également chrétiennes. Epoque glorieuse du progrès de la religion dans les Gaules, dont fait une légère partie le pays isolé que nous habitons, (1) et où nous avons pour patron un Saint en qui le Monarque avait une foi plus grande peut-être que la vôtre.

Souvenez-vous en outre, Chrétiens, de l'exemple de l'Empereur Théodose que je vous ai cité tout récemment, et qu'on vit au 4ᵉ. siècle se soumettre à la pénitence publique devant Saint-Ambroise, à la porte de la célèbre basilique de Milan, dont le soin était confié à son zèle ; de cette même basilique où le Général Bonaparte vint rendre graces au Dieu

A

des armées, des premiers succès dont il avait ré-compensé sa valeur. (2)

Dimanche dernier encore, je vous faisais la lecture de l'instruction pastorale de M. l'Evêque de ce Diocèse ; et vous entendîtes l'annonce d'une cérémonie aussi auguste que celles dont je viens de parler, c'est-à-dire de l'onction sainte que devait recevoir un nouveau David des mains d'un autre Samuël, comme dans l'ancienne alliance ; et nous avons environné l'arche de la nouvelle pour attirer sur l'un et l'autre homme de la droite du Très-haut, les graces dont nous avions déjà imploré l'effusion, après y avoir été invités par le même Prélat, qui nous peignait alors l'objet commun de notre respect et de notre amour, sous les couleurs d'un des plus saints Rois d'Israël, sous celles du sage et pieux Josaphat. (3)

Aujourd'hui, mes Frères, au moment où je vous adresse la parole, se réalisent enfin nos espérances. A cette heure même se prépare un spectacle aussi imposant et religieux dans le premier temple de la Capitale de l'Empire français, le sacre et le couronnement du Chef suprême de l'Etat par les mains du souverain Pontife de l'Église. Elles vont être, pour ainsi-dire, en présence ces deux Autorités toutes puissantes qui viennent de Dieu même et de Dieu seul ; et leur réunion va offrir l'aspect étonnant de deux armées aussi belles, aussi nombreuses l'une que l'autre : celle d'abord qui est chargée des armes et du glaive que son Chef ne porte pas sans raison, dit S. Paul ; celle ensuite qui n'est revêtue que des armes de la lumière, selon le même Apôtre dans l'Epître de ce jour, (4) armée qui n'a d'autre casque que le salut, d'autre épée que celle de l'esprit, et de l'esprit de Dieu. Voilà ce qui se présente, non-seulement aux yeux du corps, mais sur-tout encore à ceux de l'ame, en cet instant à jamais mémorable, et pour la Nation que nous formons tous en partie, et pour la Religion que tous aussi, sans doute, nous professons ici.

Heureux donc, et deux fois heureux, dirons-nous aux témoins de tant de magnificence, dont l'imagination la plus féconde ne saurait nous tracer qu'une bien faible esquisse ! Heureux, leur dirons-nous, ceux qui voient et entendent tant de choses que l'œil de l'homme n'a peut-être point encore vues, que son oreille n'a peut-être point encore entendues, ou son cœur ne saurait encore moins atteindre, si ce n'est peut-être celui que remplit l'amour du Seigneur et des plus fidelles images de sa Divinité !

Mais ne sont-ils pas heureux aussi en proportion, ceux qui, sur un point presque imperceptible de l'Empire, et comme attachés à une glèbe peu connue, élèvent en même-tems des mains pures vers le Ciel, devant l'autel agreste qu'ils ont tant de peine à relever, à entretenir (5) pour la conservation du nouveau Léon, par la bouche duquel Rome va parler, (6) et d'un autre Charlemagne qui va sceller le Concordat par lequel doit être pacifié tout ce qui est sur cette terre, notre Patrie, et même ce qui tient à la céleste Jérusalem qui doit nous réunir tous dans sa glorieuse enceinte ?

O Tybre, ô Seine, vos flots vont donc applaudir de concert à tant de sagesse, et comme ceux du Jourdain, ou plutôt du lac agité sur lequel Jesus était endormi, vos eaux mutineés vont reprendre leur premier calme, et le ciel sa première sérénité ; et l'on s'écriera avec admiration : *Qui sont donc ceux à qui nos orages politiques &t leurs funestes explosions vont obéir ?*

Si nous portons maintenant, chers Auditeurs, les regards non pas sur les événemens historiques de ce jour, non pas sur ceux mêmes que nous offrent les fastes de l'Eglise dans ce qui peut le consacrer, tels que le trépas d'un Pierre Chrysologue, (7) et celui de l'Apôtre des Indes (8) dont nous faisons mémoire au S. Sacrifice, que nous interrompons, pour, à son exemple, évangéliser les pauvres ; si, dis-je, nous portons nos regards sur le seul spectacle de la nature, de cette nature qui, pour couvrir en quelque sorte sa nudité actuelle, semble avoir pris les couleurs du S. Père, (9) qui vient de parcourir tant de régions, et de si peu attrayantes par le dépouillement de ce qui faisait naguères les richesses de leurs habitans ; de cette nature en un mot, qui, après nous avoir invités dès l'aurore par

la bouche des enfans de la fournaise, dans la liturgie de ce jour, (10) à bénir le Seigneur avec
toutes ses œuvres en général, nous invite encore
à le glorifier avec tous les élémens en particulier;
Quelles idées ne nous fournit pas la comparaison
de leur état ordinaire dans les plus riantes saisons,
non pas tant avec l'espèce de mort et d'inertie où
elle est replongée, qu'avec le tableau que nous en fait
l'Evangile de ce jour, le premier, vous le savez,
de l'année chrétienne et ecclésiastique pour nous.
Quelles couleurs que celles des premiers flambeaux
du Firmament et de toute la milice qui y est ré-
pandue de toutes parts ! Quelles destinées que celles
des vertus du Ciel qui y sont ébranlées, ainsi que
les collines et les montagnes du siècle ! Quelles
agitations que celles de la mer en courroux, à la-
quelle celui qui rassembla ses eaux lors de la créa-
tion, ne dira plus : *Tu viendras jusques-là* ! Quelle
confusion que celle qui regnera dans ce qu'il y a
de plus contraire dans les choses de différentes es-
pèces et si inalliables entr'elles ! Quelle terreur que
celle qui glacera tous les hommes dans l'attente de
ce qui doit arriver à l'Univers, quand même on ne
la mesurerait que sur celle que nous avons éprouvée
dans des années si désastreuses !

Or, c'est au milieu de ces phénomènes inouis
que l'Evangile nous offre en perspective, que s'en
opère un autre bien différent dans sa nature et
dans son objet. Ce n'est ni le Frère d'Aaron qui,

debout entre les vivans et les morts, guérit à la seule vue d'un serpent figuratif, la morsure (11) des serpens envenimés qui s'élançaient sur les Israëlites dans le désert ; ni le prophête Ezéchiel au milieu d'un champ couvert d'ossemens arides qu'il rend à la vie par le soufle de l'esprit que Dieu l'avait chargé d'appeller. (12) Ce sont deux nouveaux Ministres de la même providence, envoyés pour fermer des plaies bien différentes, pour ranimer bien d'autres corps, pour se prêter un mutuel appui dans la régénération de tout un peuple, à peine échappé à un naufrage entier dans les mœurs et dans la foi.

Ah ! qu'ils sont beaux les pieds de ceux qui nous évangélisent des biens si consolans, qui nous annoncent la paix conservatrice de ces dons du Ciel ! Baisez-en les traces vous tous à qui il sera donné de les voir et de les approcher. Qu'elles sont belles les mains qui inclinent un des premiers sceptres de l'Univers devant le signe du Fils de l'homme, ce signe adorable que l'Evangile nous représente dans les nuées, tout rayonnant de la majesté du Verbe incarné dont il est le lit où il nous enfanta ; et la chaire d'où il nous enseigne, le tribunal de sa justice et le char de son triomphe ; (13) ce signe enfin qui doit mettre le sceau à ce grand et salutaire événement ! Quels heureux présages et pour le S. Siège et pour le Trône impérial ; pour les Têtes augustes dont les deux Couronnes vont, pour ainsi-dire, s'enlacer ensemble ; et pour les

Sujets, pour les Fidèles qui leur seront soumis, moins par les effets de la crainte, que par les motifs de la conscience !

Oui, vous bénirez, Seigneur, vous bénirez ainsi le premier jour de l'année qui recommence dans votre Eglise un nouveau cours, (14) et chaque heure nous en fera ressentir les effets. Nous en devrons chaque instant à votre miséricorde, ainsi que tous les biens spirituels et temporels qui les marqueront ; et si les cieux annoncent votre gloire et votre puissance infinies, de son côté la terre publiera vos graces et vos bontés paternelles. L'hymne sacrée que ne cesseront de répéter vos créatures et vos enfans, sera le cantique de la reconnaissance, pour obtenir de nouveaux bienfaits, sur-tout dans l'ordre du salut. La vigilance en sera la compagne ; cette vigilance que vous nous recommandez particulièrement aujourd'hui, pour éviter les maux qui fondraient sur les coupables, si leurs cœurs ne cessaient de s'appésantir par les excès de l'intempérance et les inquiétudes outrées de cette vie, afin de paraître, avec quelque sécurité, devant vous, Seigneur, le Roi des Rois et le Chef des Pasteurs. Ainsi soit-il.

☦

NOTES.

(1) Dans la succursale où ce prône a été entendu , le desservant est dans l'usage d'annoncer les principales fêtes de la semaine , quoique non chommées ; ce qui devient une source abondante de réflexions neuves et variées , qu'on a peu d'occasions de faire en d'autres tems. Celles-ci d'ailleurs se rencontraient avec la foi du centenier , qui *crut* , *lui et toute sa maison.*

Il faut lire dans le président Hénault ce qu'il dit de Clovis , *p.* 44 : » *Ce sera un nouveau maître et non pas un tyran ; les peuples renfermés dans ses Etats sauront qu'ils ont changé de Roi sans avoir changé de situation.... Il les conservera par la douceur et la modération.* Voilà l'histoire de ce qui est arrivé à Clovis. Voilà ce que l'abbé Dubos a fort bien démêlé, ajoute le présid. Hénault ; et ce que les deux Académiciens appliqueraient aujourd'hui avec la plus grande vérité au Regénérateur de la même Nation. M. Fontanes , président du Corps législatif , semble s'être rencontré avec l'auteur de ces vérités , en disant au S. Père : » Cette religion auguste vient consacrer avec V. S. les nouvelles destinées de l'Empire français , et prend le même appareil qu'au siècle des Clovis et des Pepins. Tout a changé autour d'elle , elle seule n'a point changé. »

(2) Cette réminiscence venait au sujet d'une comparaison succincte de S. Ambroise et de S. Martin, qui vivaient sous l'empereur Maxime , et parurent chacun pour différens motifs à la cour de ce prince. L'église où s'est répété ce parallèle quelques semaines avant ce discours , est sous l'invocation du S. Evêque de Tours , dont le même panégyrique avait été prêché , il y a trente ans , à S. Martin-des-Champs , pour la première fois.

(3) Les rapprochemens réunis dans ce morceau, sont dans les mandemens de M. l'Evêque de Versailles, l'un au sujet du *Veni Creator* et du *Te Deum* pour l'Empereur ; l'autre relatif à l'itinéraire du souverain Pontife. Ces deux cantiques ont été répétés à N. D. dans la cérémonie du sacre. Ils avaient été mis auparavant en vers français et latins dans un des numéros des *Fastes* latins de l'Empire, par l'auteur de ce discours, imprimés *in*-8°. à Senlis.

(4) Dans l'Epître aux Romains, chap. 13, verset 12.

(5) On a déjà dû s'appercevoir que c'est dans une campagne presque déserte qu'a eu lieu cette exhortation.

(6) Il y a dans le texte de la légende : *Petrus per Leonem locutus est*, ce qui était l'acclamation du quatrième concile œcuménique de Calcédoine. C'est le même S. Docteur qui, dans une de ses excellentes homélies, la 80, chap. 3, disait au S. Apôtre, dont il occupa la chaire en 440 : *Ad hanc ergò Urbem, tu beatissime Petre Apostole, venire non metuis !*

Charlemagne, mis en regard avec S. Léon, ne protégea pas seulement l'église mais encore les lettres : et dans l'académie qui en fut le berceau, il s'honorait du surnom de David, au milieu des Alcuin, des Pierre de Pise, &c. qui avaient aussi adopté des dénominations semblables. Un des premiers lettrés de ce siècle, aujourd'hui sénateur et député de son corps, a dit au S. Père : » Cette union sera plus forte et ces beaux jours seront plus sereins que jamais. NAPOLÉON par sa sagesse répare toutes nos ruines, et PIE VII répond à ses vœux par l'inspiration de ce Dieu dont il est l'organe : intelligence précieuse du trône et de l'autel, qui a rapproché les rivages de la Seine et du Tibre, &c. »

(7) L'Evêque de Ravenne est un des Pères de l'Eglise latine dont le style a le plus d'élégance ; aussi son surnom diffère peu de celui de S. Chrysostôme. Il mourut vers le milieu du 5e. siècle.

(8) S. François-Xavier, qui a eu pour agiographe le P. Bouhours. Les éminentes vertus de l'un et les grands talens de l'autre

n'étaient pas rares dans la célèbre Société dont ils firent l'ornement. Ce que vient de faire en sa faveur Pie VII pour d'autres Etats, est-il le *non plus ultrà* de sa puissance ?

On n'a rapporté ici, et qu'en passant, que ce qui a trait à l'histoire ecclésiastique, renvoyant les curieux d'anecdotes de même date au tableau du 2 décembre, dans les Ephémérides de Noël, et même du P. de S. Romuald, T. II, *in-12.* On ne fera que nommer dom Poncet et l'abbé Arnaud, qui se trouvent à ce jour avec Cars dans le nécrologe de la France littéraire. T. 4.

(9) Les neiges cependant qui couvraient la France à l'arrivée du Pape à Paris n'étaient pas comparables à celles du Mont-Cenis, par où sa Sainteté avait passé, ni à celles qui, depuis ce jour en 872, tombèrent sans discontinuer jusqu'à l'équinoxe du printems.

On se souvient mieux des neiges dont sous le règne de Louis XVI on lui fit de si beaux arcs de triomphe. On avait garde alors de soupçonner qu'ainsi s'affaisserait son trône : et tel qui fait cette observation était bien loin de le croire, en paraphrasant à la Mercy, le jour même de son sacre à Reims, l'*Exaudiat*, comme tous les prédicateurs du tems.

Il fut aussi alors du nombre des poëtes qui s'exercèrent sur cet événement, et il adressa à feu l'ancien Evêque de Limoges une ode latine où il disait ce qui peut se répéter encore aujourd'hui :

> *Ecquid enim non sperandum, tanto Duce, cives,*
>   *O Galli ? durissima quæque –*
> *Mittite jàm ex animo . . . .*
> *. . . . . Ingenti fremuêre tumultu*
>   *Templa, sacris adolentur et ardent*
> *Thura focis, ferventque preces, flagrantque rogantûm*
>   *Pectora; jam diademate princeps*
> *Ungitur accepto.* Vivat, Vivatque *perennis,*
>   *Inclamant. . . . .*

(10) Le *Benedicite* des laudes du dimanche, l'un des plus beaux cantiques qu'aient pu choisir les poëtes latins et français pour

objet de leurs vers. Ceux de Bologne et de Godeau sont à distinguer, et la paraphrase de ce dernier rappelle le salaire qu'il en reçut. Si le cardinal de Boisgelin eut vécu plus long-tems, peut-être les eût-ils effacés, en complettant la *voix du psalmiste*. La préface en doit être autant remarquée que les vers, qui ne sauraient qu'être goûtés pour l'élégance et l'onction qui en font le mérite.

(11) Cette idée parait avoir été suggérée par les bruits qui ont couru que la forêt de Fontainebleau était infestée de vipères. Si le fait est vrai, il ne parait pas que ces reptiles aient cherché à nuire au Pape ni à l'Empereur devant la croix de St. Herem, où leurs Sainteté et Majesté ont mis pied à terre pour leur première entrevue, avant d'arriver à Fontainebleau.

A prendre, si l'on veut, les choses au moral et au spirituel, ne pourrait-on pas dire que cette croix parait avoir participé à la vertu de son antique symbole dans le désert, ajouter même qu'en PIE VII auraient été réalisées les promesses faites à ses premiers prédécesseurs, de marcher impunément sur les serpens ; et que NAPOLÉON a eu le bonheur du Czar Pierre sur le fameux rocher où le serpent de l'envie expire sous le pied de son cheval élancé dans les airs ? Le serpent d'or qui enlace le sceptre impérial, pourrait fournir d'autres idées dans le même sens.

(12) Si l'on admira dans le tems l'ingénieuse application du passage : *Insuffla super interfectos istos* au cardinal de Fleury dans son oraison funèbre par le P. de Neuville, à combien plus forte raison ne peut elle pas se faire dans la présente circonstance ?

(13) Tout le monde sait la belle strophe de l'hymne de Santeul sur la croix : *Tu celsa sedes*, &c. Le prêtre ignorait alors que, conformément à un ordre de S. E. Monseigneur le Ministre de l'intérieur, M. Millin, conservateur des antiques de la bibliothèque impériale, avait remis à M. l'abbé d'Astros, chanoine de N. D. un carton contenant la sainte Couronne d'épines, un morceau de la vraie Croix, une phiole qui renferme du sang sorti du sacré

côté, et qui avaient été déposés en 1792, par ordre du Roi, au trésor de S. Denis, et transportés ensuite, en 1793, à la Commission temporaire des arts, puis au cabinet des antiques. Cet heureux recouvrement ne manquera pas d'enflâmer le génie des poëtes, et si aucun d'eux n'ajoute pas un chant supplémentaire au poëme épique du P. Lemoine, il pourra s'en trouver qui pourront essayer leur talent lyrique, pour donner quelques hymnes sur cette nouvelle invention et exaltation de la Croix, pour le bréviaire Gallican.

> *Tellus, tot annos quid tegis*
> *Nostra salutis pignora ?*

(14) On ne manquera pas de reconnaître ici la paraphrase de la fin du pseaume 64, suivie de la conclusion de l'Evangile du jour, conclusion qui ne se trouve pas dans la liturgie de tous les Diocèses. L'insertion s'en fera, sans doute, pour plus grande uniformité dans toutes les Eglises de l'Empire français.

Sous les mêmes Presses sont :

1°. *Michaelis Hospitalii* Inauguralis epistola de sacra Francisci II Galliarum Regis Initiatione.

(Extr. de ses œuv. avec la traduction en vers français.)

2°. Pontifici Max. *Pio VII*, apud Francos hospitanti, carmen itinerarium.

3°. Ad fratres *Piranesios*, ut Plasticâ fingant Sum. Pont. *Pium VII*, Serenissi Princ. Joseph Villam aliquandò aditurum, poëma didascalicum.

(Ces deux poésies latines seront aussi accompagnées de traductions et de notes.)

A Senlis, chez *Tremblay*, Imprimeur-Libraire, rue de Beauvais.
Et se trouve à Paris, chez *A. Leclere*, quai des Augustins, n°. 39.

PRIX, 40 centimes.